T0065313

La Croisée Des Chemins:
Noir Ou Noirci ?

Bill F. Ndi

Langaa Research & Publishing CIG
Mankon, Bamenda

Publisher:
Langaa RPCIG
Langaa Research & Publishing Common Initiative Group
P.O. Box 902 Mankon
Bamenda
North West Region
Cameroon
Langaagrp@gmail.com
www.langaa-rpcig.net

Distributed in and outside N. America by African Books Collective
orders@africanbookscollective.com
www.africanbookscollective.com

ISBN: 978-9956-763-20-7

© Bill F. Ndi 2016

Table des matières

Mots d'auteur

A l'attention de Nnomo Marceline, le feu Nguijol Nguijol Pierre, Jacques Fame Ndongo (l'auteur de : *Le Prince et le Scribe : Lecture politique et esthétique du roman négro-africain postcolonial*), et Ambroise Kom. Ces francophones de la République du Cameroun qui me firent comprendre qu'en tant qu'anglophone ma place ne fut pas dans leur pays. Il en va de même pour tout autre francophone qui conçoit le problème anglophone avec un rire moqueur qui trahit son soutien à la dictature néocoloniale en place ; et avec ceux de l'acabit de l'in - Fame Ndongo proclamant qu'ils sont tous les créatures de Mbiya. Je n'épargne pas ceux qui tout en prétendant critiquer Mbiya refuseraient d'embrasser un dialogue utile comme le présent. Inutile de les nommer ici. D'eux, je n'attends pas des excuses d'avoir voulu me faire avaler ces couleuvres que je les fais avaler en ce moment.

Bill F. Ndi
Professeur des Universités Américaines
Tuskegee University, Alabama.

Avant Propos

Ce recueil aurait pu être intitulé *La croisée des chemins: être Anglophone ou Francophonisé?* Mais aux fins de ne pas être réducteur ou encore myope avec un problème d'ordre universel que régional, Bill F. Ndi a choisi d'universaliser ce problème d'Anglophones au Cameroun dont les compatriotes francophones en voudraient faire de la polémique toute en le tribalisant et en le concevant comme le fait le monde occidental pour ce qui est de la contribution de Noirs dans l'histoire de l'humanité. Pour l'occident, le Noir n'a rien apporté comme contribution à l'humanité comme pour le francophone Camerounais, depuis Sardou Daoudou, l'anglophone n'a rien apporté à l'union ou encore l'histoire de l'anglophone au Cameroun ne peut être comprise que dans l'optique de l'unité nationale, c'est-à-dire l'histoire du Cameroun francophone ou encore *La République du Cameroun* comme le pays fut connu à « l'indépendance ». Pour ce poète, que le francophone au Cameroun soit d'accord ou pas, l'histoire, prise comme témoin, met en exergue ce mariage forcé ou la femme (l'Anglophone) en a marre et voudrait tirer sa révérence alors que le brute de mari, qui ayant passé tout son temps à tyranniser la femme, signe et persiste que l'union est légitime. Ce recueil en français est une invitation au dialogue conciliatoire, dépourvu de toute diabolisation, en dépit de ce que le poète conçoit comme la mauvaise foi de francophone, quel qu'il soit, lorsqu'il traite le cas anglophone à la même échelle que le cas Bamiléké ou encore Fang, Béti, Bulu, etc. il s'agit ici des pleurs en la langue du tyran et ses acolytes pour qu'ils n'aient pas d'excuses pour prétexter de ne pas comprendre « le Biafrais, l'anglo, le Bamenda, ou encore l'ennemi dans la maison… » Ces épithètes sont les plus souvent attribuées aux anglophones du Cameroun.

Les 82 poèmes de ce recueil visent tout tyran comme l'imposture du francophone camerounais qui refuse de regarder ses pairs (les anglophones) en face et d'admettre leur humanité et leur droit de choisir. D'ailleurs, l'un des chanteurs Camerounais les plus engagé et d'illustre mémoire aurait posé une question très simple dans l'un de ses morceaux où il présentait une situation où il se serait entré en relation avec une personne et quand il voudrait s'en séparer, cette dernière ne voulait pas lui laisser le choix de se quitter comme il en avait au départ pour nouer la relation. Il s'agit ici de Lambo Pierre Roger, alias Lapiro de Mbanga. Il chantait : « na me a be fan am oh baby, if I talk sey a norh want am again, na wetin be the problem? Tell me oh! Ayant constaté que l'union ne marche pas, comme l'anglophone qui serait à l'origine de l'union avec son frère francophone de la République du Cameroun, Lapiro pose une question de pointe : « si je vous dis que je n'en veux plus maintenant d'où vient le problème ? Dit le moi oh ! » Ce qui est d'autant plus étonnant c'est que le Camerounais francophone à sa place du maître d'esclave reçoit le désir d'autonomie de ces anglophones, les lésés des indépendances, avec le chant de pays uni et indivisible alors que l'histoire en témoigne autrement. Bien plus, il parle de la sécession alors qu'il s'agit simplement de demande d'autonomie. Quel que soit le cas, ce recueil n'est autre qu'un appel au dialogue qui permettrait aux deux frères de bien comprendre le fond des problèmes qui freinent tout progrès et les minent.Aainsi l'un ne se verrait plus octroyé le divin de gestion d'un patrimoine fédéral au profit d'un poigné de filous corrompus.

Comme souligné plus haut ce problème qui semble être camerounais prend une tournée universelle lorsque la situation des anglophones au Cameroun miroitent celle de noirs aux États-Unis avec le mouvement contemporain de « Black Lives Matter » ou encore, *la vie de noirs compte*. Bien que cette thématique se soit abordée par d'autres écrivains anglophones tels Victor Épié Ngome, l'auteur de *What God Has Put Asunder,* ce recueil évite de s'engager dans un dialogue des sourds avec un oppresseur qui dirait ne rien comprendre en une langue qui n'est pas sienne. Même avec mil ans d'atmosphère envenimée, le dialogue est toujours possible si l'oppresseur accepte de reconnaître l'humanité de l'opprimé. Ce recueil de Bill F. Ndi constitue de résolutions imaginaires des contradictions socio-psychologique ainsi que politico-économique.

Pour finir, écoutez parler chaque mot, chaque vers, et primez la raison à l'émotion bien qu'il vous la faut pour mieux saisir cet objet esthétique dépeignant l'enfer dans lequel vous faites brûler une partie de l'humanité, en l'occurrence les anglophones du Cameroun ou encore les noirs partout ailleurs dans le monde. Sartre n'avait-il pas raison de chercher à savoir pourquoi écrire ? N'est-ce pas disait-il que « chacun a ses raisons : pour celui-ci, l'art est une fuite ; pour celui-là un moyen de conquérir. […] on peut conquérir par les armes. » ? Et n'ayant point écrit pour prendre fuite ni pour conquérir par des armes, ce recueil fait soigneusement usage des mots pour l'image des maux qu'ils sculptent quitte à troubler lecteur. Car le poète qui ne peut ni appeler la laideur par son nom ni l'enjoliver avec la douceur de mots qui frappent, devrait reconsidérer sa vocation poétique. Bref, la mission poétique est d'enlaidir la beauté de l'oppression selon oppresseur. Le poète, Bill F. Ndi, dans ce recueil, l'accomplit avec finesse.

Les surdiplômés en France

Noir Africain, surdiplômé en France
Au bled un titre ronflant qui balance
Faisant va-et-vient entre conjoncture
Et chômage mutant en caricature
Par fautes de plan d'ajustement structurel
Invention de la banque mondiale usuelle
Travaillant pour assurer la santé
Financière des vautours bien affamés
Avec les yeux braqués sur les reliquats,
Pécules plutôt pour eux jamais adéquats
Car leur trou noir ne peut être rempli
Pour ériger beaux meubles à Neuilly
Pas sur Marne, mais sur Seine
Qui assure les poches pleines
Permettant à la p'tite nique ta mer
De naviguer le vent en poupe en mer
Jusqu'au port jadis occupé par Dieu
De la convoitise pour ceux en hauts lieux

Les clowns de chez-nous

En occident les clowns ont les nez rouge c'est tout
En Afrique ils n'ont besoin d'aucun nez du tout
En Europe, ils masquent leur tristesse derrière un sourire
En Afrique le sérieux qu'ils affichent invoque le rire
Nos clowns à nous se costument en noir
Nos clowns à nous roulent en voitures noires
Leurs cravates pendant comme les cordes des pendus
Indiquant qu'ils se livrent à des actes défendus :
Mouillage
Dans le trafic
Pillage
Des fonds publics
Leur donnant le luxe de rouler en Pajeros
Non ! C'est démodé ! Quoi à la mode ? Les Prados !
Qui d'après eux les accompagneront à la tombe
Nous autres on s'en fiche et attend le jour qu'ils tombent
Par l'avarice terrassés
Quant à nous ? Point attristés !
Voyant les Mercocrates, pajerocrates et pradocrates
Enterrant les peuples comme ils enterrent des démocrates.
Quoi de mieux qu'un clown qui refuse la mime
Ou politique qui enfonce dans l'abyme
Tout espoir d'un peuple rêvant bonheur ;
Asservi sans encombre au malheur?

Déchet Noirci

Un ami s'amusait à m'appeler
L'homme des six continents ; je concordai
Et me mis à sillonner la planète
De tous, dépourvue de toute devinette
Avec des sillons qui cachent le noir noirci ;
Couleur qui traduit ce qui est pourri
Et le Noir partout qu'il passe vit l'arome
De leur injustice sur lui comme du chaume
Tous ces Noirs d'Afrique
Ceux d'Amérique
D'Asie-Pacifique
Quel jeu linguistique ?
Force intérieure du Noir
Qui à la paix y croit
Justifiant sa croix comme celle de Berny
L'amour qui passion en folie rendit
Deux bras de justice grognant sous le poids
Comme ces malheureux affamés sans pois
Petit ou chiche
En sus sans quiche
Qui bon gré mal gré se porteront mal
Avec quelle force porteront-ils cela ?

Nous devons chanter

Les autres eurent chanté
Nous étions enchantés
Il y a eu des chanteurs d'Afritude
Pas avant ceux de la négritude
Qui furent pris pour tigres chantant
Leur tigritude tout en dansant
Reprochés, ils furent tous reprochés !
Et nous autres nous voulons chanter
Non ! Crier cette douleur insupportable
Qui ravit tous ces cyniques à table
Déplorant Afritude, tigritude, et négritude
Désireux de nous voir passibles faces aux études
Pour quoi ne crierons-nous point ?
C'est une façon de faire son point !
Qu'ils déplorent, qu'ils nous crachent dessus
Nous les implorons tout au plus
D'avec leur grossièreté inique
Ils voudraient faire repas unique
Qui nous ferait nous taire
Pour simplement se plaire
Pendant que le monde se noie
Vu que cela apporte joie
Dépourvu de sens véritable.
Leur machination regrettable !

Ma Belle

Douce France,
Douce France
Rassure-moi !
Lance le moi !
Tu es belle !
Tu es belle !
Tu le sais comme le monde d'ailleurs
Mais ton cœur est plutôt ailleurs
C'est l'Afrique
Le Rustique
Qui te donne palpitation et compagnie
Que nous avons cherchées jusqu'à Taverny
Pour nous faire vibrer le chœur
Sans souci du rire moqueur.
Cette Afrique vous fait vibrer
En elle tous vous trouverez
Même ce qui manque chez votre maman
C'est bien cette danse qu'on veut également.
N'a-t-on pas dégusté les contes
De la belle et la bête que racontent
Ces livres assoiffés de la moquerie ?
Seul, le notre sera des pleurs enrichi !
Grâce à ce T effacé de Paris
Difficul Té de trouver un Pari
En France
En transe !

Dansons & Dansons

Respirer et mentir sont synonymes
Aux pères de ces nations qui perchent aux cimes.
L'un promettait la mer au désert
L'autre servait la viande comme dessert,
C'est comme ça que ça se passe chez les grands chefs
Qui entrées, plats et desserts imposent et servent.

N'y cherchez pas de l'ordre
Leur ordre ? Du désordre !
C'est ainsi que le Cameroun est le Cameroun !
Et restera ainsi jusqu'à la mort du grand clown,
Un clown qui ne fait pas rire
Et s'amuse à être pire !

Nous le rhabillerons tant bien que mal
Pour qu'il soit convié à notre grand bal
Démasqué où nous le démaquillerons.
Qu'allons-nous faire après ? Dansons et dansons !

Fidèle Fut-il

Un fidèle sachant traduit les songes
Me traduisit qu'ils vivent de mensonges
Qui fleurissent autour des élections
Portant les fruits de la corruption
Qui nourrirait les politiques non les hommes d'Etat
Ces derniers s'empilant en des prisons en tas !
Vive la vie de ces prisonniers
Hommes d'Etat de tout droit reniés
Au pays de merveille
Qui aux pourris veille ;
Saine pourriture, force aux bras
De la couronne n'ayant pas
L'état d'âmes de conscience
Mais une dame conne de science
La première dame
Que je condamne.

Mon Orient

Chers frères
Chères sœurs
Confrères
                        Cons frères
Consoeurs
                                        Connes sœurs

Ainsi que
                                Ces quelques
                                Chers cons patriotes
Comme compatriotes
Les dames
                                        Sans âmes
                                        Vous sieurs
                                        Coupeurs
                                        Qui êtes à l'Est
Et nous à l'Ouest
                        Ne voyez en nous que ces défauts
                        Qui dans vos rues et ruelles coulent à flot
                        De vos brasseries aux urinoirs
                        Nous noyant la sagesse, vos bêtes noires…
                        Les nôtres, votre invention de la beuverie
                        Décimant la populace comme à la boucherie
                        Par la guéguerre des politiques
                        Frappant comme des claques fatidiques

Paris, Hottage

Grande joie d'ouïr le mot pari
De la beauté de Paris
Rêvons-nous
Non des loups
Ignorant
Tout à Paris
Comme un pari
Dévorant
Pour moi
Tout noir
D'une attirance magnétique
Lâchant comme un élastique
Qui n'a point des liens avec Paris
Où tout comme la vie n'est qu'un Pari

Les oubliés

Ces oubliés sont partout dans le monde
Leurs dirigeants devant leur table ronde
Laissent cuire les carottes et dans leurs cerveaux
La salive les pousse à panser leur creux :
Bien plus, ils laissent mijoter à la bourse,
Comme de la viande, ce vieux crack qui repousse
Et sous la dalle nous enfonce ! Quel enfer !
A nous donc, ce serait de les défaire !
Où se trouvent nos rois se clamant du monde
Quand nos pauvres pays de misère abondent ;
Avec eux s'accrochant aux trônes à vie
Avec une seule pensée d'ignorer nos cris ;
Cris, nous crions de douleur qu'ils négligent
Et non celle que la nature nous inflige :
De la sécheresse et l'inondation
Pour notre misère, une introduction.
G1, G2, G3, G4, G5
G6, G7, G8, jusqu'à G20
C'est vous qui dites en avoir et nous non !
Prenez nous pour tout sauf des tous bons cons
Vite oubliés comme odeurs des latrines
Comme du vin vos combines nous embobinent
Et comme nous ne sommes pas des aveugles
Vous vous servez de nous comme des meubles
Et nous savons aussi les constater
Et notre Victoire ? Notre Volonté !

Le diable des avocats

Je ne saurais dire s'il appartient au diable
Dès lors que j'ai ouï dire l'avocat du diable.
Il se pourrait qu'il défende l'indéfendable
Enjoignant le scribe de le traduire au diable
Comme tout pourri justifiant mensonge aux dépens
De la vérité ; idée chère que le scribe défend
Quitte à se trouver lui-même devant un fantôme
Qui de gré aimerait voir à la catacombe
Les dépouilles squelettiques de vérité ramer ;
Plutôt, endurer à ne pouvoir naviguer
Dans un monde silencieux du contenu du sac
Autrefois se glorifiant, rempli d'un big mac ;
Il fallait tourner la machine du cher oncle
Oncle Sam se la défendait bec et ongles
Contre tout, armé jusqu'aux dents avec des maux
Or dépourvu des griffes ce scribe n'a que des mots
Contre ces avocats défenseurs en série
Sa plume les conduisant à leur diable chéri.
Que soient bannis ces avocats immangeables
Aux îles aussi lointaines que personne par diable
Ne peut rêver de fouler son sol hérétique
Saufs les avocats face à leur sort fatidique.

L'Écroulement

Les beaux jours nous a été proposés !
Libres ? De quoi n'avons-nous pas rêvé ?
Voyant se dresser d'aussi beaux rayons,
De nos ailes, nous volions vers des bons-bons
Outremer que nous tendait notre mère
Patrie nous ayant privé de la terre
Y mettant à la tête un soul ronflant
Que nous voulons tirer à bout portant
En le voyant montrer ses dents d'ivresse
Se prenant pour conquérant d'Everest ;
Simples, nous ne sommes pas à méprendre
Et n'osez pas de nous faire dépendre
Puisque c'est-là qu'explosera les bulles
Qui vous enverront une amère pilule
A savourer sans vous désaltérer
C'est d'ailleurs tout ce que vous nous donnez
D'année en année nous vous renonçons
A vous voir vous comportez en cochons
Déguisé derrière vos murailles de fer
Nos vers les descendront et non la guerre
Cette folie contagieuse tant désirée
Par l'esprit étroit de sa majesté
Dans un monde aveuglé par l'avarice
Seule la paix clouera vos forces destructrices
Sans recours à la croix mais à cette voix
Qui s'exclut de s'écrouler sous vos poids.

Vantardise

Se vanter à la tète de l'état
Brandissant son doctorat d'état
Un soulard se tournait les pouces
Et voulait se la couler douce
Lorsque crack, crack, crack, la faille a scindé
Laissant entrer le vent qui fit trembler
Le monde des riches comme celui des pauvres
Qui n'ont vécu que parmi ces fauves
Déchirant la chaire de la nation
Puis, nous disent-ils pères de la nation
Dans une nation ornée de geôles
Couvrant les pauvres de rougeole
Qui nous déplume jusqu'à poil ces oiseaux
Pour que l'on voir, en eux, des paresseux
Qui justifie sa fermeté atroce
Survolant le pays comme l'albatros
Non celui de Baudelaire mais celui
Porteur du message disant : « vous êtes cuits »
Se comportant la nuit comme un hibou
Qui voulant une proie ne dit point coucou ;
Il perche sur la branche. Et son bon repas ?
Laborieux, se voir obligé en bas
D'être récipient heureux de crachat.
Vantard, vantard, ton doctorat d'état
Devrait revisiter notre état
Pour attirer notre admiration ;
Ainsi cette plume attire ton attention !

Mon joli bouquet

Le monde te voir aussi belle
De joie, le monde est en pleur
N'ayant pas d'aussi belle fleur
Pour moi ton goût du miel tel
Personne n'a jamais savouré
Pousse ma plume à t'honorer
Quand le monde voir une fleur dans ce bouquet
Mon être, tu transportes comme un bouquet ;
Non tu es le bouquet même sans conteste
Qui enverra le monde à l'Everest !
J'y perche comme ta couronne d'amour brillant
Et brillerai-je jusqu'à la fin de temps
Car, j'y tiens et tiens ! comme ces dictateurs
Déclarant tout compatriote détracteur
Au moins s'y tenir bon ! Quelle bonne leçon !
L'ayant appris, ne ferai-je pas le con !
Resterai pour toi le bon compatriote
Qui se moque d'être passé, comme carottes,
Dans la casserole gourmande du grand fou
Qui dresse sur le chemin d'amour des clous.
Esquiver ? Je le fais déjà sans doute !
De plus, te verrai fleurir coute que coute !
Mon amour unique fraicheur de printemps
Qu'on ne peut trouver au Quatre Printemps
Souffle la flamme qui m'éclaire la voie
Audible dans les oreilles comme la joie.

Le ventre de mon pays

C'est le ventre de mon pays natal
C'est là où siège la petite crotte royale
Aussi pourrie que la constipation
Qui le flambeau tient de la corruption
Appelant une bonne dose de purgative
Qui ne viendra point de ces régressifs
Mais les nettoiera pour que l'on voie clair
Chemin faisant, éclairé par l'éclair
Qui annoncerait le silence du tonnerre
Atterrant ces ripous se disant pères
De quelles nations sans notions de gérance
Qui veulent nous leurrer avec la relance
Pourtant nous ne voyons que chute et faille
Véritable héritage d'hommes de pailles
Que seul le feu de nos plumes brûlera
En ce fumier qui fertilisera
Ce rêve d'érosion qui comme laxative
Permettra de hausser une voix progressive
Comme canons ronflant aux champs de bataille
Victoire, joie et autres seront de taille
A la mort de craquement de cartouche
Qui nous ont permis de changer leur couche.

Notre État

Siégeant en son trône au paradis
D'Etoudi dictant son hymne maudit
Le brigand au teint clair envoie le flou
Avec ses acolytes, ils sont fous ;
Ils nous ont volé l'Etat de droit
Ils nous imposent leurs droits de l'Etat
Ces derniers transforment la foule en proie
Et font appel au mot renégat
Désignant ces déserteurs du pacte
Ainsi que ceux tournant la veste comme tact
Aux fins d'éviter les termes du contrat
Octroyant au peuple la vie des rats
Est-ce roi un brigand ignoré du monde
Qui lui donne une place à des tables rondes ?
Seule ma plume pleure et interroge ces choses
Remuant la mouvance pour qu'elle explose
Dans notre Etat
Vu notre état.

Les dons des Cieux

Les proies sont les dons des cieux
A tous leurs prédateurs !
L'Afrique est un don des cieux
Aux colonisateurs !
L'Afrique comme les proies sont à consommer
Sans modération. Point des mets à déguster !
C'est le mot d'ordre du jour
Pour jouir d'une place à la cour
Suivez-le sans relâche et retrouvez-vous
Vent en poupe qui ne sera jamais en proue
Vive les dieux des puissants
Vive le Dieu tout puissant
Commandant du soleil levant
Commandant du soleil couchant
D'une touchée de clé atomique
Faisant du monde mélancolique
Véritable puits d'amère amertume
Indescriptible par la plus fine plume
Même pas celle du Roi Soleil
Qui provoqua un grand fiel.
Quels dons des cieux !
Seul don des dieux :
Leurs représentants sur terre
Heureux de nous voir par terre !

Épuration

Nous vîmes venir ces prédateurs
Qui sortirent leurs griffes ; nous prîmes peur
Et ils nous précisèrent bien le but
En nous parlant comme ces drôles de putes
Leur leurre ? Ce fut pour nous bichonner !
Nous ont-ils dit d'une voix raffinée
Qui a toujours fait écho de bonnes nouvelles
Creusant de grands chemins qui mènent au bordel
De nominations sexuellement transmissibles
Comme leurs cruelles éliminations invisibles
Epurant tout effort de visibilité
Voir Noir le jour devient une impossibilité
Car noir n'est pas une ethnie et n'a point de roi
Une déraison pour laquelle il doit être proie
Chassé pour sa terre et non sa chair
Aussi payera-t-il le prix fort cher.

Vœu de pauvreté

L'ardent désir d'être poète
Ou s'emballer sous la couette
Creuse le boulevard menant chez la pauvreté
N'y attendez pas miracles pour boire du thé
Cette richesse du ventre dépourvue du mental
Myope de prime essentiellement fondamentale
Forfait à la couronne du ventre creux.
Qui et/ou quoi d'autre peut justifier ce vœu ?
Lucidité. Mentale. Aliment de survie
Pour pauvres mariés à la pauvreté à vie
Rien ne vaut ce vœu qui arrose ces fleurs
Florissant sur les pages berçant les cœurs.

Porteurs d'armes

Lorsque je pleure
Personne ne voit
Nager ma croix
Luisante douleur
En plaque de glace gelée
Dans cette très grande mêlée
Masquant cette tristesse
Miroitant richesse
Qui sur le monde rejaillit
D'une goutte qui appauvrit
Pauvres âmes miséreuses
Prises pour des paresseuses
Pauvres âmes mendieront à vie
Portant armes de guerres à vie.

Lumière Noire

Source de lumière
Pauvres Comores
Votre volcan
Ne serait point.
Les Nations Unies
Les cartes ont tiré
Et dans le noir
Vous resterez
D'ailleurs les noirs
Vous peuplent sur le continent
Avec la rime
Et dansant au rythme
De la misère
Pauvres Comores

Folles et tendres amours

Ah ! La poésie !
Douce musique-ci
Qui, les frontières, franchit
Pas-à-pas comme un nanti ;
Décriant ceux de la cour
En douceur, qu'elle est amour !
Au rythme du battement chantant
D'esprits enchantés et enchantant
Le cœur de l'Afrique
Qui peu pour le fric
Palpite
Excite

Déception non désirée
De pourritures excitées
A la recherche de gloire terrestre
Ecrasant tout pauvre pédestre
Dans les caisses à roues aux phares éblouissant
Dont ils vidèrent nos caisses pour s'acheter tant
Au point d'en pourvoir aux parents morts
Berçant notre détention de ce record
Toujours médaille d'or et maillot jaune
Ecartant tout compris : flore et faune
Pour ne reconnaître que des lions
Joueurs qui leur servent de bataillon
Défendant toutes les couleurs
Sauf celles de nos plumes en pleurs
Qui débordent de larmes couleur sang
Ne bougeant point dans le vent

Soufflé contre nos rêves de faire roue libre
Par la seule peau et Zi serons-nous libres
Libres nous serons de danser à son rythme
Et jamais n'aurions besoin de logarithme
        Qui bourre le cerveau de ces pourris
        Nous leurrant avec leurs pots-pourris
        D'étranges odeurs polluant nos cavités
    Olfactives pour qui le vers somme l'indemnité
D'avec douceur et de l'amour
Ah ! la poésie ! Mes chères amours !
Tout tendre !
Viens-je prendre !

Les coupe-gorge

Après qu'ils nous aient volé le pouvoir
Pour quoi ne ferai-je pas de mon devoir
Le démasquage de ce chef des bandits
Qui s'est affiché pour qu'on l'applaudisse
En sa veste costumé
En nœud de pape cravaté
D'un froid rival de la statuette
Dont-il réplique l'obscure silhouette
Du transporteur des cancrelats
Qui s'ignore être un Bâtard
Mais cible innocents pour responsables
De son mal-être bien insupportable
A la réflexion de leurs actes notoires
Ciblant la tète de l'État comme l'abreuvoir
Puis la transforment en patinoire royale
Bernés par des rêveries hexagonales
De l'enfant qui ne pouvait voir que l'Hexagone
Dont ma vie adulte transformerait en Pentagone
De toutes les dictâtes du gendarme du monde
Qui police mères, pères, frères et sœurs du monde ?
N'est-ce pas un devoir à accomplir gai
Même si à la morgue ils nous donnent la paie ?
Couper la gorge du pays arrosera
Les semences dont la faim anéantira
Assurant aux berceaux la douce douceur
Epongeant des larmes ; chassant la douleur
Importée par ces filous éhontés.
Fin de partie ? Nous serons enchantés !

Rivière de misère

La sécheresse frappe l'Afrique sauf près d'elle
Elle coule, elle coule de manière naturelle
Pour détourner toute notre attention
Façon pour elle de baisser la tension
Avec son eau transparente comme une balle
Perdue au loin de son champ de bataille
Faisant couler la visible misère
Que seuls ces aveugles qui sont nos frères
Perçoivent la pire portée de son ravage
Attirant que des noirs sur son rivage
On a beau critiqué la corruption
Mais personne ne parle de sa destruction
Car à la mode elle jouit, elle jouit de plus
En plus et nos pays amassent le pus
Coloré jaune qui dore notre drapeau
Invitant à la rive tout le troupeau
Constitué de bêtes de somme de ce monde ;
Rivières sans ravages ni libres cours grondent
Haut et fort pas près de celle de misère
Où les bêtes n'ont qu'à ramer leur galère
Quitte à se diriger dans le trou noir
Reflets de cette couleur dans un miroir
Poignardant au cœur miséreux traînards
Trompés d'être plus sage que le renard
Fossilisé dans la caverne d'Ali
Où se trouverait la joie dans la vie
Du spoliateur soutenu par le monde
Entier requérant l'usage de la sonde
Pour frauder l'opinion publique à cent

Pour cent vu que le chef n'est qu'un gourmand
Qui débrousse les herbes de ses deux rives : gauche
Et droite enterrant le crâne dans la poche,
Commandant du bas peuple affamé
N'ayant aucun droit de base de rêver !
Tant que la belle rivière de misère coule
Volant la chansonnette « cool papa cool ! »

Dans le noir

Fais semblant de ne pas nous voir
Sous prétextes que nous sommes noirs
De ce continent noirci d'obscurantisme
Drapeau qui serpenta le spiritualisme
D'un sinueux chemin que vous eûtes creusé tout près
Pour nous priver des cavalcades dans le beau pré.

Décidez-vous aussi d'ignorer la misère
Froissant nos peuple ; vous servant d'eux de serre pierre
Ben, rappelez-vous : serre pierre trop usée salit
Serre pierre trop usée, cette expérience vous maudit
Vous qui vous comportez en ceux des grands chemins
Qui nous embusquent et ne nous laissent que des pépins

Tiens ! Le village devient global nous a-t-on dit
Le globe devient un grand village, nous insistent-ils
Mais les retombées n'appartiennent point au village
Seul et unique lieu du monde ouvert au pillage
Autorisé des institutions financières
Dont personne ne doit accuser comme des sorcières

Car, les seules organisations, elles ne sont point
A assurer vie et santé, et l'embonpoint
Des grands que l'on dénombre de un jusqu'à vingt
Mais avant de les compter ils soulent comme du vin
Et nous ne dirions pas celui de palme plaqué
En or à Canne qui fait la tête tourbillonner

Coupant le souffle court aux mécontents lauréats
Du désœuvrement du ravissement du césar
Surtout la nuit insomniaque qui trace les frontières
Entre réalisation d'un rêve loin des prières
Dont vous nous nourrissez sans oublier la vente
D'espoir que nous boirons heureux tout en bavant

Au Paradis, les fruits liquides de cette misère
Dont aucun grand n'a jamais voulu le transfert
Par cupidité protectrice de la techno
Logie assourdissant comme la musique techno
L'invention française qui noie l'Afrique dans le noir
S'y en sortir pour nous devient un grand devoir.

Condamnation

Ils nous prirent pour des couilles molles
Nous condamnâmes leurs pensées folles
Qui du coup nous transformèrent en esclaves
Qui devaient protéger bien leur enclave ;
Nous la fortifiâmes de forces de nos bras
Jusqu'au jour où nous eûmes le bol ras
Fourmillant de misère qu'ils firent naître
Distillé d'envie d'être les maîtres
Qui nous verraient en maîtres leur avaler
Les couleuvres puisque nous sommes damnés
Par la pigmentation de couleur terre
Ce qui nous oblige tous de nous taire.

Ce fut leur rêve d'étouffer les nôtres ;
Nous refusâmes d'être leurs apôtres
Or les marchands d'armes virent un ennemi
Dans nos plumes qui ne plurent à leurs amis
Les traîtres qui nous vendirent pour les armes
En échange, ils eurent la protection d'armes
Dont ils se servent pour nous diriger mal
Partout dans le pays ; il n'y a que dalle
Sur lesquelles nous sommes piloriés la nuit
Comme la nuit puisqu'ils s'ennuient ;
A mon stylo de souligner la faute,
Sans doute, tâche à endosser comme une dot

Le temps d'antan

Le temps d'antan nous ne nous fions de rien
Puis vinrent-ils nous chanter « le bien est bien »
Tout d'un coup nous alignons derrière son épave
Et nous prétendons tous être ces gens bien braves
N'ayant de rien peur et en tête rien que la course contre
La montre qui eut engendré cette rencontre
Fondation d'une mésentente sous-jacente, couronne
De misère léguée comme modèle par les colons
Aujourd'hui nous crevons et rêvons tous d'antan
Nous rappelant seulement de rareté des beaux temps.

L'Histoire d'une beauté

Daisy, cette étoile que je vis près de la Seine
D'une lueur qui rendit tous les fous plus sains que sains
Sans oublier qu'elle portait de gros jolis tétons
Coupant court les souffles aux impuissants piétons
Ne pouvant s'empêcher de regarder cette belle
Qui, comme dit la chanson : comme la lune est belle, belle!
Mais fumant comme une cheminée qui me rongea
Le cœur de voir partir sur cette piste sans constat
Et en fumée l'objet du désire des hommes-forts
S'abritant chez-nous en Afrique des châteaux-forts.
Hommes-forts, quel euphémisme en marge de misère
En marche qui ne s'arrêtera jamais d'ailleurs ?
Aiguillonnée par les dits hommes-forts, ayant peur
Que sa chute annoncera la veille de leur misère
Comme Daisy dont la beauté s'était affichée
Aux miséreux et les laissa les cœurs brisés.

Couleur à soustraire

De la charte de droits de l'homme, quitte à déplaire,
Il s'agit de la pigmentation à soustraire ;
Couleur sans laquelle, comme neige, blanc sera le monde
Devant aussi être pour lui, siège de son monde
Qui endossera misère blanche sur ces propres épaules
Euphémisant la fin de la dalle comme bémol.

Heurs d'Afrique

Dans ce malheur, le monde éclate de rire.
Dans ce malheur, je ne trouve que du rire.
Leur monde d'affluence plein, comme de sangsue suce
Le coeur de mon sous sol, source de mes blues
Ce malheur dit-on est source du bonheur.
Or, la mort caresse pour l'Afrique ces heurs.
Bon gré, mal gré, dehors dedans, le rire
Nous donne sagesse que l'on peut avoir pire
Dépourvu du rire et enrichi d'or
Voici à vie, mon choix, le plus grand tort
Aux yeux des avatars de l'avarice
Qui pour tout et en tout nous lèguent la crise.

Cher soleil

Si tu t'appelles monde
Dis-moi pourquoi rond
Tu ne tournes pas bien
Pour nous tes vauriens

Pour dire vrai, mon roi
Allègera ma croix
Me disant douceur
Qui renverse les cœurs !

Cher roi sans pudeur
Pensant me faire peur
Oubliant panser
Mon peuple spolié !

Risible patron
Derrière qui poltron
Véritable se cache ;
Acte que je trouve lâche

Et veuilles que tu saches
Puisque cela fâche
Et provoque dégoût
D'honnêtes gens aux trous

Ces trous érigés
Grâce à ton allié,
La folie perverse
Dont l'ire pleut averse.

Quitte donc ton allié
Ce grand dépravé
T'induisant en démence
Qu'il considère semence.

Con pas con

Bon tiens bon
T'es pas con
Même si heureux sont-ils à annoncer
Or nature ferme ne t'a pas prononcé
Jugement qu'à la mort, aux dictateurs noirs
Sera; puisqu'ils n'ont légué que déboires
À leurs beaux pays par nature tout bon
Et leur vie durant sont traités de cons
Ces braves gens qui par amour s'adonnèrent
À cultiver la belle sagesse comme la terre.

Tourne la page
T'es pas page
Comme mère nature, le sage, a sa raison
Ignorée parfois pour simple raison
De tenir tête et faire preuves d'une sagesse
Celle des hommes qui invitent la sécheresse
Avec désir que l'on les appelle hommes
Forts, forts puisqu'ils les saoulent comme du rhum,
Elle mettra point final aux manœuvres
Réduisant des prodigues aux mains d'œuvre.

Ferme-les, ferme !
Restons ferme !
C'est le médicament pour tout soigner
Y compris les conneries de l'insensé
Qui à son apogée voudrait voir boire
La mer pour qu'il s'enivre bien de gloire
Terrestre qui aux miséreux échappe

Ne pouvant aucunement jouer la harpe
Chante gloire des cancres aveuglés par peur
De perdre tout comme ils l'ont la pudeur.

Le Grand ennemi

Se posant en marieur
Jurant être travailleur
Physiquement le plus fort ?
Un cerveau bourré de tort !
Opposant dans la maison
J'suis celui à qui chanson
N'a point le droit de souffler
Ce qui peut mécontenter
Le grand ennemi d'État
Par ailleurs, c'est lui l'État
Chiffré à plus de vingt ans
En tête du chiffonnement.

En mémoire de…

En lui, vit-on dictateur à la barbe de chèvre
Mais au loin fut-il de tout associé à la chèvre
Car comme un lion terrorisa-t-il comme une bête noire
Ces colons qui usurpaient tous les droits au savoir
Pour ce méritait-il des brimades et la tuerie
Manigancée par les mains d'une machine bien pourrie
Dont le nom kilométrique écraserait les mâchoires
Comme s'il eut choisi être prédateur pour les proies
Que constitue son pays bien aimé des colons
Noirs dont les cervelles furent privées de tous les boulons
Privant tout peuple noir de joie de vie terrestre
Car pour ces premiers, noir ne peut qu'être pédestres
Réduit à néant car composé d'une couleur malheur
Dictant au fait raison valable de sa douleur
Grâce à laquelle de plaisir jouir le monde merveilleux
Heureux de voir subir pour cause qu'ils sont paresseux
Piteux sort infligé sans une tangible défense
À ces défenseurs des droits libertaires sans défense.
Qui osent clamer leur rôle démuni de stratégies
Belges écartant le nommé despote comme par magie
Et pour son remplacement, le porteur de camouflé,
Laquais par l'occident et la CIA armé
Qui contre la mort voulut s'en défendre à tort
Quoiqu'aux autres, lorsqu'il en donnait ce fut un sport
D'aristo bien réservé comme la chasse à la cour
Où l'on s'amuse à couper vie, aux pauvres bêtes, court !

T'ex zilé

Comme des p'tits enfants dans le noir
Ces tarés veulent nos sangs à boire
Dans la merde nous ont-ils plongés
Excités par peur éprouvée
Au terrain nous appartenant
Ce lieu qui nous est important
Car nous y serions inhumés ;
Chose que refusent ces insensés
Pourtant nous ne voulons que paix
Et nous refusons à être le mets
À leurs acolytes alcooliques
Ne primant que des bucoliques.

Le lot quotidien

Le Seigneur leur donne le pain de ce jour
Nous voyageons pour la carte de séjour
Pourtant chez la mère Afrique, pauvreté
Devient hymne continental entonné
Par les seigneurs du monde nouveau heureux
Comme des petits lurons voyant l'Euro

Ce lot quotidien nous supportons bien
Privés de tout à l'exception de rien
Et à eux affichons-nous nos belles dents
Bien qu'ils nous aient pris pour des chiens sans
dents
Qui aboyant ne peuvent croquer les os !
Quel lot quotidien ? Il nous casse le dos ?

Riions bien à fond la forme aux éclats
En bonne et due forme servie sur un plat
Notre pain de ce jour, ce quotidien
Nous attachant à la mère Afrique ! Tiens !
Leur don de Seigneur ne leur mettra point
Hors portée de cette mort qu'ils nous enjoignent.

Badinant avec le Noir

Tranquilles, nous fûmes à la rive
Ne voyant pas la dérive
Voulant nous voir loin de Bavière
Nous poussèrent-ils dans la rivière
Sans bateau et ou sans espoir
Furent-ils maîtres et firent les lois
Nous colonisant y compris
Cons ainsi que sages à tout prix ;

Prix que nous payons depuis lors
Pour la couleur noire de cet or
Identique à celle des peaux noires
Noircissant blancheur d'abreuvoirs
Qui vaille que vaille doivent couler
A flot pour les étanchés
Ayant tout sauf notre rire
Même s'ils croient notre cas pire !

Coûte que coûte, ils pratiquent les maux
Où nous avons le dernier mot
Justifiant pour quoi derrière nous
S'acharnent-ils comme des loups garous
Voraces en quête de proie facile
Qui nie de rendre difficile
Leur jeu de bourreaux arythmiques
Aux calculs bien mathématiques ;

Pour eux une récréation sportive
Pour nous badinage subversif

N'amusant que les régisseurs
De malveillant joug de la peur
Bourdonnant dans les oreilles noires
Permettant de faire couler à boire
Pouvant assouvir les futés
Qui par ailleurs sont disputés.

Jure ou Parjure !

Qu'ils jurent, qu'ils parjurent ils jurent tous par la justice
Ces hommes de loi soutiennent l'envers de la justice
Aux pays des parias linguistiques et politiques
Lesquels parias subissent les traitements tyranniques
Que leur octroient ces rois fantoches qui ne s'endorment point
Dans leurs cavernes d'Ali bourré d'armes de pointes
Dont leurs tireurs d'élite protégés par leurs lois
Ont cru nécessaire de faire porter aux plèbes la croix
Croix qu'ils portent avec détermination féroce
Que rois ainsi que justiciers trouvent bien atroce.

Coups bas

Leurs coups de bastonnades ? Véritable massage !
Nous disent-ils et ajoutent, obligatoire passage
Des opposants ainsi que des poètes renégats
Qui dégustent acerbes critiques comme noix de nougats

Aussi claire leur message parait comme l'eau de roche
Soulignant que ces dictateurs parfaits sont proches
Et déterminés qu'ils soient de nous faire nager
Dans la rivière de misère qu'ils nous ont creusé

Bien entendu, notre fosse commune élargie
Avec mauvaise foi ils cachent de quoi il s'agit
Et au monde entier de nous rejeter le blâme
Pour avoir osé ajouter de la flamme

Les sans lunettes

Qu'est-il dans le flou qui laisse voir clair ?
Clair ou flou, flou ou clair, qui voit clair ?
Loin, chez-nous en Afrique ni les poètes
Ni les politiques n'ont de lunettes.
Pourtant la clarté, nous tous la cherchons
Dans ces différents pays en torchons
Transformés pour le bien des peaux rouges
Qui par plaisir veuillent que rien ne bouge
Sauf tout ce qui mène à la tombe
Du style célèbre bombe des atomes
Qui avait pété des bulles au loin
Réduisant des vies entières en foin
Comme les politiques la peau des poètes
Espérant pouvoir voir net que net ;
Horreur magistralement magistrale
Dont l'idéal occupe le siège royal
Siégeant sans combattre ces forfaits
Au nom d'une certaine loi ; crime parfait
Commis au nom d'une stabilité
Ignorant du lexis l'équité
Attendue un jour à l'horizon
Du lointain pays franc, l'Hexagone.
Là-bas fut faite la Révolution
Qui transforma l'optique d'une nation ;
Heureux sont-ils, ces hexagonaux
Désireux de nous voir marginaux
Marginalisés par leur mépris
Pour lequel nous payons fort le prix.

A la poursuite des chimères

Elle fut le rêve de tout un peuple.
Elle se nomma sans doute liberté
Inscrite dans une charte, certes,
Celle des hommes. Homme ? Oui !
Mais noir ? Non ! Qu'en est-il du rêve
Africain ? Un python nommé
Occident l'a avalé ! Un fou
Le dit haut et fort, mais…
Il est fou. Pourquoi le croire ?
Ne serait-il pas sain de boire
La mer ? Il est fou l'occident,
Ce roi du royaume souterrain,
Détenteur de la clé donnant droit
A la liberté très prisée.
Pour ce, démocratie devient
Pour nous, luxe rocardien
Et mon Afrique berceau de misère
Du monde politique Mitterrandien.

Nos Visionnaires et leur sort

Dadis, tu paies le prix fort pour avoir laissé
Battre ton cœur pour les miséreux en Guinée
C'est pourquoi la grosse étiquette de dictateur
S'est pointée convenable à tes détracteurs
Te la collant aux fins de te donner la mort
Justifiée par leur déclaration de ton tort
D'être visionnaire dans un pays dit pauvre
Où missionnaires font avaler les couleuvres…
Ton refus bien obstiné t'a valu la vie
Tu as osé dire à l'agent assassin qui
Tu es et que tu défies son épée limée ;
Lui rappelant le devoir de respecter
Sur ton sol, patriote te dis-tu pour ton pays
Ayant patriotisme en occident appris ?
L'Europe fière de ses petites crottes de
Napoléons
Voudrait bien nous imposer la terreur de lion !

Malheur d'un peuple Sous-Français

Sommeil par la souffrance conjugué
Réveil par la souffrance entonné
Au menu du petit déjeuner, la souffrance
Au menu du repas du midi que la France
Omniprésente dans le manger et le boire
Souffrance sous la France connue se fait roi
Permettant à la mère nature de lui faire
Voir de ses véritables couleurs, les vraies
Tragiquement, tragiques qui au diable suscitent
Des remords à entendre ce plébiscite
De Robertson qui au nom de Dieu, mensonges
Profère ; faisant croire que son dieu aux fausses louanges
Se fie à voir souffrir pour fautes ancestrales.
Ce peuple misère a connu en aval
Et en amont par biais d'autres ancêtres
Les ayant traité pas comme de vrais êtres
Robertson et poursuivants illuminés,
Nous abstenons de votre méchanceté
Même si vous vous plaisez que ce fut un pacte
Que signait Toussaint Louverture avec tact,
Toussaint certes, ne se serait point trompé comme
Tous les saints ; même pas le dévoreur de pommes
Que nous raconte le livre qu'il dit sacré
A voir sa pensée tordue, je suis bien navré
Espérant plutôt au diable de souffler
Un peu de remords à ce taré gonflé
Ignorant ce qui, les sous-français, frappent fort
Bourrant son crâne avec ce qu'ils voient comme tort.

Cette main mise

Une fois la misère nous tendit la main ; de châteaux
Rêvions-nous aussi de ces morceaux de gâteaux
Qu'avalent ces châtelains aussi bien aveugles
Qui ne se soucient de rien quant à nous : leurs meubles
Décorant un espace planétaire qui, leur bien,
Justifie et réconforte ce qui nous advient
Sous la chère plume de Victor : ses misérables
Salissant leurs jolies villes bien adorables.

Miséreux misérables sous des ponts livrés
Aux plats du jour qu'est la misère à avaler
Comme nous n'eûmes et n'avons raison à nous plaindre
Dès que levons-nous la tête, ils ont à craindre
De la monstruosité sommeillant que sommes-nous
Ayant, dans la misère, vu ces joueurs de doux
Qui rassasient leur gourmandise insatiable
Les laissant festoyer sur nos sangs à table…

Ce rouge sang, colore bien leur béton richement rouge
Et laisse seule, notre peau noire à être le juge
Non ! Plutôt couleur de la toge des justiciers
Injustes qui en miens voient crapuleux à rejeter
De leur cercle où le plus fort aurait toujours
Coûte que coûte et vaille que vaille la raison du jour ;
Ces lois humaines avec de tentacules nous grippant
Fort et privant de convoitises de ces gourmands.

Quand je fus anglocon

J'croyais au pays où la vie serait moins chère
Et quand je vis la pub se voulant conformer
À mes rêves d'alors les battements de mon cœur
M'excitèrent et me firent couler de la sueur
Bouillonnante qui me privèrent du sommeil des nuits
Entières à guider dès lors mes pas pour l'ennui

Chasser de ma routine verdâtre de la rizière ;
Ainsi considérai-je ce beau T comme litière
Pour enfin me trouver dans ce pays boutique
Où les prix ne pesaient point les poids de moustique.
En rond je tournais en rond chez Conforama
Dans l'espoir d'y faire l'affaire qui m'évitera

La douleur d'une mort malheureusement douloureuse
Pouvant tarir la voix et la vie d'une chanteuse,
Diva des chants tragiques habituée à des heurts
Frappant ces coups bien fatals aux pauvres sans lueur
Sans sens sans encense sans essence qui est Angle
D'où mon compte de con trouvai-je dans un triangle

Au Nord la pointe pour ses riches au sud nous pauvres
Gémissant sous mondialisation à l'œuvre
Pesant son lourd poids au rythme que dicte l'Oncle
En nous bernant avec le rêve d'un miracle
De l'avènement d'un monde nouveau du mal dépourvu
Enfermant les yeux ! Et vu je n'avais pas vu !

Que con, je fus Anglo con ! Nom de Dieu ! C'est vrai !
Et puisque j'étais, le monde le savait ! Les frais
Payai-je ce grand dessein : me blanchir blanc que blanc !
Vu que seuls pourraient être mes ancêtres, les Francs
Nom rimant tellement avec mon rêve de franchise ;
Il m'entraina dans ce monde berçant mon hantise.

Seule est belle !

Elle est seule et aussi belle
Seule elle est devenue vieille
Dans le métro on la voit parler
Avec qui personne ne saurait

Dire si elle s'en veut d'avoir
À l'homme légués les déboires
Lorsque compagne il voulut
Pas l'honneur d'hommes déchu

Et par d'autres affectés
Et méprisé comme rejeté.
Telle est beauté à Paris
Que dont refuse-je le pari

M'important peu la noirceur
Car mon rêve est toute douceur
Que deux êtres se partagent
Partout ; aussi à la plage

Vive la vie que l'on refuse
De vivre par science infuse
Qui à beauté se suffit
De gratifier le profit

Maître de ce monde nouveau
Entonnant un chant nouveau
Habillant la solitude
Avec une prime certitude :

Être seule ! Ne pas vouloir
Se soucier de ma peau noire
Dont je ne veux sacrifier
Même pour être glorifier

Avec ces choses de leur monde
Dans lequel la haine abonde
Avec un cerveau tout blanc
Maintenant, soyons tous francs ;

Blanc et franc des antipodes
Leurrant que nous sommes des potes !
Faisons d'elles ces reines qui brillent
Et jamais celles qui nous grillent

La salive dans la grande gueule !
Belles, elles ne seront point seules
Avec qui à leurs soins veillent !
Comme du pur jus de la treille !

Ma vie de miel

Couleur ? Châtaigne ! Non, brune dégoutante.
Une gueule qui déplait tous pour autant
De bien, bien caché dans ses entrailles.
Mais nègre miel recevant représailles
Écrasant onctuosité voulue.
Miel moelleux du sucre dépourvu
Heureux rend sans sucre raffiné
Assurant même sans faille la santé
Telle vie, la mienne de miel, je la vivrai
Encore ? Mille fois encore, pour de vrai ;
N'en déplaise à ceux qui veulent ma mort
Pour qu'un jour peut être je n'eusse point tort
D'avoir simplement eu cette couleur
Qui n'a dû qu'enfanter ma douleur

Dès son enfance noircie sans souci
Par une volonté de réussir
Un exploit d'agrandissement éhonté
Faisant fleurir la méchanceté
Telle cette fleur de lys égayant l'œil
Braqué sur la tombe après un deuil.
Vive la mort des morts vivant l'enfer
Enchainé en prison outremer
Où verdure plus verte que celle chez soi
Aurait eu le dessus de la loi
Qui inciterait à la haine propre
Et pousserait vers d'autres désastres
Bien habillés de l'heur et des heurts
Aussi empêchant de voir une lueur.

Quel qu'il arrive, miel sera sucré !
Et plaira à toute langue qui va gouter
Matin ou soir, l'éboueur du fiel
Sans maux minime transportant au ciel
Comme véritable régal royal
Qui rythme le cœur avec joie finale
Et attriste ce monde par cruauté
Inondé qui se prive de toute bonté
Et estime bon de creuser une tombe
Qui aura ses logeurs grâce à la bombe
Atomique, cathodique ou chimique !
Leur mode de vie n'est point fantastique.
Tant, ma vie de miel me plait tellement !
J'en jouis ! C'est le plus important !

Tête, peau et dents noires

Qu'un diable a la tête ? La peau ? Et les dents noires ?
Qui est-il en question ? L'ignorance ? J'sais pas moi !
Bien qu'en noir peint, en lui, n'existe point de saleté
Qui égaie et fait briller leurs célébrités !

Sûr ! En lui, paix demeure sans souci même noircie
Depuis l'horizon refusant de s'éclaircir
En lui encore son pacifisme l'ensoleille
Quand s'acharnent l'insensé et les siens qui ensorcellent.

Mais l'étoile comme de l'or fait naître ces beaux rêves
Pour que ces enfants dans la galette, cherchent de fèves
Que plusieurs n'en trouveront peut-être jamais
Mais avec paix seraient-ils des rois au palais !

Avec u sans la fève de ces étoiles filantes
Traduisant leur cour en vol de lueurs fascinantes
Éclairant nos rêves les plus fous ! Fous ils sont tous !
Y compris tous les absents à ce rendez-vous.

Un Regard fois deux

Petit, je voyais le monde des grands, méchant !
Grand, je peux voir le monde des petits,
méchant !
Tout enchantement d'y rester, tout éclaté
Invite au monde qui jamais n'a existé

Point ne fut-ce réalité dans un cerveau ;
Pire encore chez ceux décrits comme tête de veau
Valeur transformatrice d'orgueilleux crapaud
Dressant la tête de bêtes flottant leurs drapeaux.

Vie d'amis

J'aurais dû attendre que mes amis
Me malmènent comme de vrais ennemis
Ainsi je n'aurais pas été surpris
Par ce coup de poignard que j'eus au dos pris.

Fut-ce ma naïveté qui emporta ce prix
Et m'empêcha de pousser un grand cri
De douleur ou de joie, jour et/ou nuit ?
Qui m'aurait sortir de ces grands ennuis ?

Maintenant prenant ce grand coup, merci
Leur dis-je ; leurs souhaitant une meilleure vie
Qui du début jusqu'à la fin, souci
Ne connaîtra point l'œuvre des lotis ;

Lesquels en amitié viennent se fournir
Des petites découpes du pote qui unit
Les chiens aux dents d'acier bien endurcies
Qui leur servent à mâcher ses os aussi.

Czar, mon monde et vous

Pour toi, garder la grandeur.
Pour nous, donner la noirceur.
D'ailleurs c'est notre couleur.
Pour notre monde la meilleure.

Art plastique dit tout le contraire.
À ne pas nous le soustraire !
Nous sommes gîte de noire douceur
Faisant fie à toute couleur

Fierté de cette sobriété
Assurant nos tranquillités
Léguant au monde l'inquiétude
D'une fièvre de servitude

Du temps passé piétinant
Nous autres, nous balayant
Pour cause de couleur de peau
Qui ne nous offre aucun pot

Certes toutes ces bagarres bizarres
Naissent de ta volonté Czar
Pour qui pays et peuple
Sont à toi seul, tu stipules

Tel un grand chef des bandits
Trouvant complice en avide
Renard franc doré méchant
Dansant avec les marchands ;

Dictant le sort du peuple
Ignorant son périple
Tu es homme fort pour combien
De temps serons-nous de biens

Privés ? Que tu en fais tiens
C'est normal ! Tu n'es qu'un chien
Qui à l'odeur de la chair
Oubliera certes tous tes frères.

D'ailleurs personne ne l'ignore
Même pas moi qui ne m'en sors
Au loin de ta griffe grippant
Fort ce pays tout souffrant !

Czar, ta faiblesse on la voit
Même si tu veux nous faire boire
Ces urines par les narines
Tu pues bien comme tes latrines !

Que tu le veuilles oui ou pas
Nous veillerons à tes pas
Que nous ne suivrons jamais
Puisque nous prives-tu des mets

Toi un gourmand, non gourmet
Tu veux nous voir au coffret
Protégé par tes garçons
Qui nous prennent pour de vrais cons

Que tu meurs de voir paitre
Or, nous refusons d'être
Ces moutons qui n'ont de mœurs
Que de suivre de grands leurres

Du p'tit branleur que tu sois
Quand nous foutons-nous de toi
Qui en outre vois en nous
Ceux à mettre à genou

Mais la résistance debout
Nous la pousseront jusqu'au bout
Et obtiendrons gain de cause
Pour alors tout voir en rose.

Rencontre

Du sens me procure jouissance
Le reste en France, sans essence
À la masse accouche douleurs
Qui n'engendrent que ces pleurs
Sans cesse qu'en fleurs rêvions-nous
Qu'un jour ces maux iront tous
Cédant place à de grandes joies
D'un amour pesant son poids.

Rêve de belle France

Par souffrance fut conjuguée cette jouissance,
L'essence d'une vie de rêve dans une belle France
Où fleurissent ces beaux jardins de nos rêves
Les plus fous ; aux esprits, fournissant ces trêves
Qui endorment à la triste réalité
Montrant au monde que c'est toujours l'été
Saisons des amours folles et plus fortes
Pour qui toute raison serait lettre morte.

Nos mots contre leurs maux

Le dernier mot appartient aux joueurs de mots
Et non à ces politiques qui promènent des maux
Avec des armes si longues comme leur vie au pouvoir
Ce dernier mot du poète leur rappelle le devoir
Qui est le leur d'être serviteurs de l'État
Et non ceux qui gardent pour eux les biens de l'État !
Face à face, mots contre maux laissent place à la paix
Pour que à flot coulent dans le pays, miel et lait
Nourrissant la masse affamée par négligence
Autoritaire qui prêche contre la Résistance
Seul espoir de faire briller le soleil pour tous
Dont la vie par maux assombrie et noircie pousse
Vers tout sauf la soumission voulue des agents
Des maux à la tête qui ne bourdonne que d'argent.

Ce locataire étourdi

Il habite un palais à Étoudi
Lui-même un zombi vachement étourdi,
Cette roche du mont Cameroun étonne plus
En mimant que ses oreilles écoutent plus
Que toute autre oreille du monde entier,
Oubliant qu'il a son royaume sacrifié
A l'autel des enchères de ses maîtres
Bien qu'il veuille se passer pour un prêtre
Personne n'ignore ce qui est sous la robe
Même quand celle-ci costumant notre globe
S'octroie le joli p'tit nom de soutane
Sous laquelle se transformeraient les mutants
Dont notre locataire en fait partie
Et de droit on n'a droit qu'à son parti.

Les baptiseurs

Ni francs, ni maçons
Ils pillent de façons
Iniques et ils niquent
Et tournent en bourrique

De pays entiers
Car c'est des chantiers
Où en esclaves bossent
Ces derniers. La cause ?

Ils proscrivent la mode
Prescrite comme un code
Aux participants
Et ceux bâtissant….

Un monde ? Que diable !
Indescriptible !
Sont ces Francs, Maçons ?
Sont ces peuples cons ?

Comme eux, n'étant point Franc
Ne vois-je que du blanc
Et ne saurais-Je dire
S'il faut interdire

De tels bâtisseurs
Se servant des scieurs
Pour tous désunir
Non tous réunir

Vu que membres nous
N'en sommes pas nous !
Pour ce, un seul mot ?
Ils maîtrisent les maux !

En leur genre ? Vrais
Meurtriers ! S'il vous plaît !
Chantant fort : « unique ! »
Ma plume crie : « inique ! »

Franche comme la franchise
Montrant leurs bêtises :
Ni franc, ni maçons
Point de peuple con

Ils trompent les incultes
Ménageant leurs cultes
Et les érigeant
En eux gouvernant

Partout les pauvres
Qui à vie œuvrent
Pour avoir une chose ;
Non mal overdose

Mais la liberté
Même de boire un thé
N'étant plus réserve
De ceux qui, eux, servent

À leur afficher
Toutes les vanités ;
Desquelles on se moque
Même vêtu de loques !

Être Franc m'amuse !
Maçon je refuse
Sans leur franc, suis-je con ?
Non ! Je suis tout bon !

Le noir

Ma couleur est très contestée !
Or, pour se faire grand, royauté
Comme criminel sur noir s'acharnent
Pour eux peuvent-ils garder cette manne
Mais nous laissant tout ce qui nous
Appartient et non de la boue
Avec laquelle nous coloré
Notre image, leur préférée
Noirceur salissant leur beau monde
Costumé en noir pour la ronde
Des cinq, des sept, des huit, des vingt
Qui mondialement soulent comme du vin
Ne donnant raison qu'aux plus forts
Et aux plus faibles tous les torts.

Attention !

Ne confondez pas mes poèmes neufs avec mes neuf poèmes
Du grand luxe n'ayant pas fait le tour d'Angoulême
Un jour peut-être ces poèmes seront dessinés
En bande pour ainsi retrouver leur destinée
De toucher l'esprit comme la fleur caressant l'œil
Qui attristerait le cœur de voir l'œil en deuil
Au départ de son unique majesté beauté
Pour laquelle il a battu sans jamais cesser
Par union contractée sans sa faim assouvir
Se battant à mort pour assurer la survie.

Décalage

De jets de pierres nous recevons et la douleur
Pour la même couleur, reçoivent-ils de jets de fleurs
Le contraste rythme quand la mariée est en blanc,
Le marié en noir non Noir et Blanche attirant
Hostilités qui en noir et blanc gardent le monde
Avec le noir devenant couleur d'abandon
Bien nourri d'ossements squelettiques dépourvus
De chaire criant haut et fort pauvreté toute nue.

Ma liberté

Jamais, n'ai-je vêtu de costard-cravate
Sauf le jour de ma mort. Et avec, j'ai pris datte.
Tout, puissent-ils m'interdire sauf du droit à une tombe
Ayant les échelons gravités loin des tombes,
Ces hommes forts privant mon peuple de tous les droits
Laissent à ma plume, seul choix de les montrer du doigt.
D'ailleurs, coupables, se reconnaissent-ils ? Bien sûr !
Raison assoyant ce qu'ils jouent ; le venin pur
Empoisonnant tout système des pays sans honte
Battant record en aval et surtout en amont.
Mon épingle le savent-ils, crible leurs consciences
Et fait couler larmes de ma plume avec prescience
Sans douceur pour chiens bâtards, aux grand-gueules, dits forts
Dont la seule force est de nager dans de grands torts.

Conjoncture

Souffrance, poudre de mon pain
Larmes s'y mêlant donne ma peine.
Inséparables, larmes suivent
Sous en France et conjuguent grief
De ceux qui attendent la tombe ;
Sur qui la France jette le plomb.

Savoir Faire

Quand ça va mal, de malhonnêtes
Claquent les portes à de gens honnêtes
Les présidents savent remanier
Aux autres la faute est rejetée.

Qu'en ferais-je ?

Si la poésie était du sang
Ma communion en aurais-je fait
Si celle-ci eut été de la chaire
Je n'en aurais fait que ma viande
Et comme c'est un balai
Je m'en sers à nettoyer !
Quoi ? Nos sociétés !
Bien pourries ! Et en parfum,
Je tuerais toutes les odeurs
De leurs pourritures ;
Assassins de la planète
Quand poésie la pensée creuse
Et enterre tous leurs préjugés

Entre nous….

Le fleuve coule entre deux rives
Nous n'y voyons que les dérives
Entre nous les hommes,
Il n'y a que des hommes
Il n'y a ni petit ni grand
Qu'ils se disent, s'ils le veulent, grands !
Ma plume y voit petitesse
D'une maléfique force d'ivresse
Sont-ils du pouvoir ivres qu'en nous
Ils voient des bêtes à pousser à bout.

Cœurs inondés

De larmes des yeux coulant
Inondent bien ces cœurs
Qui des siècles durant
Vit empêcher ces fleurs
D'être le porte-sourire
Des visages qui réveillent
Et font champignonner
Les pays de merveilles
En nous
Partout,
Ces larmes, un cœur pur seul les maîtrise bien
Et éclaire les manœuvres des vauriens !

La vie et l'homme

Douce chaleur prêta vie à l'homme
Complication, l'homme se prêta à vie
Aussi simple que soit la vie
La vie vit, voit et verra l'homme
S'enroulant dans son filet
Lequel lui est propre et net ;
Se voyant maître du monde
Y laissé à faire des rondes
Dominant bêtes et peuples
En esclavage tenables
Sans conteste, au temps figé
Dans de tombes où reposer.

Con ou Bon ?

Ce soir là
J'étais las
Mais voyant la beauté,
Lui ai-je dit ma beauté
Tu es belle ma beauté
Et ne m'y attendais
À rien
Fut-ce bien ?
En réponse ? Quel con ?
Fut-ce que j'étais bon ?
Con ne deviendrais-je pas !
Mais homme bien de là-bas
Mon unique réaction
Qui enfouille l'érection !

Lépreux mentaux

Sont-ils trop nombreux !
Ils sont tous lépreux !
Surtout de cerveau !
D'où leurs têtes de vaux
Jonglant tous les mots
Orchestrant des maux
Se disant hommes forts
Dévorant remords
À voir le pays
Bien enseveli
C'est aux gens d'en bas
De tracer les pas.

Ce trou

Le tour de ce monde ai-je fait et
N'ai-je vu qu'un trou
Bonbon qui n'a qu'en tout et
Pour tout un trou !

Temps dehors-dedans

Beau est le temps dehors
Froid fait-il vrai dedans
Un cœur qui bat pour Cahors
Et vit resserrement dedans
Plus qu'un étau resserré
Chante pour quoi cœur attristé
Ralentit la vitesse
Vu le poids de tristesse
Lui étant rejeté d'extérieur
Faisant subit la peine intérieure.

Les poltrons

Leur empire des biens
Bâti sur nos biens
Qui pour nous misère
Apportent ; leur bonheur
De se voir patrons
Lesquels sont poltrons
Du moins selon moi
Qui, au trône du roi
Pète pour que paix règne
Lisse couleur châtaigne
Non celle de l'ivoire
Criant les avoirs
Des poltrons peureux
Pour qui dangereux
Nous sommes jusqu'au bout.
Paresseux ? Point du tout ?
.

Régal du temps

Passant le temps dans le métro,
Toujours en route pour le boulot
Le temps s'est régalé de nous voir
Nous voir vieillir ainsi que l'espoir
Que nous eûmes étant jeunes rêveurs
Voulant l'ordre du monde en vers !
Je dirais plutôt à l'envers
N'est-ce pas ce que font des raveurs ?

Les années nous virent vieillir
Désireux nous recueillir
Dans
Le métro
Rigollot
Sans
L'un l'autre apercevoir
Vivant par joie
Dans la belle Paris
Où tout est pari !

Raison de Raisons

Toute flamme tout feu me brûle !
A ton charme ? Je m'écroule
Devant ta passivité,
Forge de l'inactivité

Qui ronge ce cœur d'Amour plein
Qui, heurté, reste toujours zen !
Même si à cette palpitation
Un volcan actif perd raison,

Cœur comme mien refuse d'en perdre !
Évitant le sort de Phèdre,
Espérant aussi que ce jour
Viendra et ce serait mon tour

Dans tes bras tendres de tendresse
Remplissant mon cœur qui t'adresse,
Tout joyeux, ces sentiments forts
Sans peur que le monde lui donne tort !

Être et avoir…

Suis-je heureux
D'après eux ?
Non et non !
J'suis un con
Qui n'a rien
Mais veut rien
Des veaux, rien,
Qui n'ont rien
Mais me pensent
Sans cadence
Une souillure
A l'allure
De déchets
Aux reflets
Soleil noir
Abreuvoir
Qu'ils creusèrent
Comme misères
Qui me hantent,
Les enchantent
De me voir
Sans avoir
Mais l'être
Pédestre
Au rythme
Sans hymne
Bien heureux
Malheureux
De leur monde

Qui me gronde
D'ignorer
L'or creusé
Non le sang
Déversé
Sans panser
Les blessures
Des biens sûrs
Qu'ils m'en privent!
Quelles dérives ?

Ta pensée

Ta pensée pleine d'amour
Fragilise mes genoux.
Debout je n'en peux plus.

Déguster ton grand cru ?

Rien que des papillons
Dans ma tête papillonnent
Avec leurs mille couleurs !

M'en priver ? Ma douleur !

M'en procurer ? Le rêve !
D'y piocher de la fève
Non cette vie en suspens !

Est-ce ma fête en dépend ?

Vu, ces yeux cherchent ragots
Où botter leurs sabots ;
Avide d'amour d'autre !

Que puis-je dire d'autre ?

Cet Amour chez autrui
Vaut plus que l'or de Louis
Qu'ils convoitent tellement !

Puis-je savoir si je mens ?

Heureux, suis-je sans savoir
Ce qui apporte déboires
Mais ne puis-je l'ignorer !

N'ai-je pas droit de rêver ?

Belle est la vie de rêve !
Vécue avec la verve
Et passion née d'un fou.

Ne pense-t-il pas l'Amour ?

Passion, folie, amour :
Triplets soudés tout court,
Sont inséparables.

Tel est-il palpable ?

L'émotion ne voit pas.
La motion ne déplume pas !
L'émotion en motion,

Réjouit avec mention ?

Sans souci Elle laisse jouir
Sans être lasse même si….
Les embuches sont dressées.

Est-ce l'œuvre des stressés ?

Avec machination

Exigent séparation
De deux êtres bien aimés

Pourquoi les détester ?

La folie, raison bien
Subjective noue ces liens
Bien réelle que réel Amour !

Que d'autre vit-on pour ?

À la quête du concret
Tu es pour moi la vraie
Fin pour un cœur rêveur ;

M'enivrer ? Mon bonheur !

Trombinoscope

Tu as voulu te faire voir
J'ai refusé de te voir
Aujourd'hui dans le métro
J'accepte de te voir clodo
Est-ce tu as pensé à hier ?
Je t'ai supplié d'être fier
Tu as refusé, et maintenant ?
Que deviens-tu d'autre qu'un mendiant ?
Serait-il trop tard pour la reforme
Puisque tu as refusé la forme ?

Paris des Poètes

À Paris ?
Des paris ?
La poésie ne fait plus rêver ?
Est-elle pire que ces poches qui sont trouées
Du pantalon que portent ces pauvres
Eux-mêmes, poètes qui toute leur vie œuvrent
Pour l'humanité en toute humilité ?
Leur vie par la simplicité est guidée !

Poète Pleurnicheur

N'a-t-on pas souvent reproché au poète d'être pleurnicheur ?
D'où sa réponse de ne pas l'être c'est ignorer pourquoi
l'enfant pleure !
N'est ce pas l'hostilité du monde fait à la naissance
Pleurer tout enfant qui au monde vient pour la jouissance ?
Harponna-t-il ses accusateurs voulant sa langue pendue au
ciel.
Langue qui depuis la nuit de temps sort des mots, miel et fiel !
Les jours heureux devant verront à la potence
De cette langue son fiel ayant perdu l'importance,
Le miel coulera et coulera des maux pendus
De sa position pendue, serait-elle descendue.
Que donc, s'effacera l'histoire de la peine pour autant ?
Un poète ou mère pleurnichera aux pleurs des enfants.

La loi et l'oie

Au recoin de mon cœur, le sourire me titille
Et ce cœur bat pour que le champagne pétille ;
Mais, hélas ! Hélas, mes yeux rivent sur le sang
Remplissant la mer que murmure le bigbang !

Peut-être, pour plus tard, mon cœur rira de joie
Quand nature me laissera goûter les foies d'oies ;
Foies d'oiseaux qui, aux lèvres des notables
Dessinent de grands sourires, présent à table.

Ainsi, ces clochards du métro parisien
Pourraient avoir l'étymon des parnassiens
Pour qui comme artistes d'antan ils eurent chanté
Pour que fût la vie belle et bien enchantée !

Dis-moi pour quoi ne mourrai-je point du fou rire
Fou rire réservé aux artistes en délire ;
N'est-ce pas un délice à déguster le foie ?
Qui sait si la loi leur interdit de l'oie ?

De raison et Déraison

Hugo décrivit les misérables,
Sort attendant tout homme dans la tombe
Qui dans ma tête tourbillonne
Et m'interpelle sans cesse pour quoi l'Homme
Soumet son prochain aux pires conditions
Pires que misérables qui lui sont destinées.
L'Homme, animal se disant doué de raisons ;
Ne serait pas cet animal emporté par la déraison ?
Je m'affirme doté et c'est vrai, de cette faculté
Vous qui avez des années, passées dans une faculté
Que vous reste-t-il comme valeur de ce vieux sage
Qui par expérience vous passait ce que lui avait légué l'âge ?

À Thomas P. (l'Unique Citoyen du monde)

Cher Thomas,
Un grand mât
Tu ne rimes point avec l'anti -nom de raison
De celle-ci tu enfantas l'âge de la raison
Je t'ai partout cherché, et à ton pied
Me recueille-je au parc Montsouris
Y passant tous les jours à Paris,
Ville où raison est parlée
Jamais raison raisonnée
Ville de sentimentaux
Aussi des amoureux
Et mon Amour
Ce fort Amour
Je trouve à réfléchir ton sens commun à ton pied
Où s'écrasent les mots pour te dire, là où tu es,
Que ce sens commun est loin de l'être. Tu sais ?

Eut-il été… ?

Judas, eut-il été Noir à la cour des grands ?
Dans cette cour, y jouer comme Noir, faut-il des gants.
Godas et j'en passe sans lesquels la cour boueuse
Convient aux Noirs, bien loin de toutes les pommes juteuses
Qui à la cour des grands ignorent les vaches maigres
Et machinent que terre et ciel tournent au vinaigre
Pour leur bouc émissaire et leur brebis galeuse
Qui en tout et pour tout ne peut qu'être râleuse.

Printed in the United States
By Bookmasters